스적스적

김형로 시집

스적스적

시인의 말

뒤로 대숲이 있는
백 년 된 흙집이었다.
바람이 불면 대숲이 쏴 –
성난 함성을 내질렀다.
그 안에 새가 있었다.

곁을 주지 않는 새는
어쩌다 눈을 주었고
가끔 저물녘 혼자 날았다.

코로나가 지나갔고
이 작은 별 곳곳에 전쟁이 터졌다.
새를 보며
여태껏 배워온 것을 지웠다.

새 없는 밤엔
새로 돌아갔을 사람을 생각했다.
시집 소제목은 그의 시구에서 따왔다.

작은 새들과 김종삼 선생님께 보잘것없는 시집을 부친다.

2025년 11월

김형로

차례

시인의 말

제1부 나는 이 세상에 맞지 아니하므로

라산스카—	013
아키비스트	014
악명	015
지극	016
꽃과 새	017
새가 바본가	018
이름 두 자	019
따뜻한 상상	020
울음 노트	021
새와 어머니	022
하루의 새	023
환생	024
독한 고집	025
신에 가깝다	026
자세	027
북치는 소년	028
조감鳥瞰	030
품	031
나도 모르는 새	032
축지縮地	033
날개도 없는 것이	034

제2부 세상에 나오지 않은 악기를 가진 아이와

봄산	037
순명順命	038
좁은 문	039
지족	040
돌아보지 않는다	041
고백	042
그림자	043
배경	044
낮달	045
지독과 가혹 사이	046
장좌불와	047
아나키스트	048
새의 생각	049
그곳	050
마지막 영혼	051
믿습니까?	052
새라는 형용	053
마지막 새	054
바람과 새	055
알은체는 무슨	056

제3부 오래되어서 쓰러져가지만 세모진 벽돌집 뜰이 되어서

연대	059
어쩌면 나를 믿어	060
자리	061
아기집	062
이소離騷	063
새 없는 날	064
성운星雲	065
물음을 버리다	066
언저리	067
가시	068
기껏	069
별은 가깝고 꿈은 머네	070
죄없다	071
을숙도乙淑島	072
할미새	073
목소리	074
꿈	075
높은 곳 새는 울지 않는다	076
한 알 한 알	077
그저 넘어가는	078

제4부 인간을 찾아다니며 물 몇 통 길어다 준 일밖에 없다고

스적스적	081
우연이라도 고마운	082
올드보이	083
받아적기	084
이 몹쓸한 시절의 봄	085
잘한 짓인지	086
정곡正鵠	087
성선설을 증명하다	088
응답	089
미안한 밤	090
날 때까진 날아야	091
일기	092
먼 길	093
손톱 하늘	094
새가 앉지 않는 곳	095
뒤끝	096
눈 편지	097
동심원童心圓	098
음악교실	099
길이 꿈이 되는	100
세한도	101
해설_ 숭고한 추락의 은총/ 박대현(문학평론가)	105

제1부

나는 이 세상에 맞지 아니하므로

라산스카-*

찔레 덤불 지나는데
맑은 물소리 흘러나온다
저마다의 카덴차
새 울음소리
불현듯 스치는
한 줄의 라산스카-
새로 돌아갔을 것이다
나 지은 죄 많아 죽어서도 영혼이 없으리*
사람이었을 적 그의 말이었으니

*김종삼 「라산스카」

아키비스트

새가 가지에 앉는다
꼬리 간닥간닥
잠시 눈 맞추었나?
훅- 뒤돌아 날아오른다
낡은 필름이 돈다
난 누구였을까
새는 눈짓만으로 기억을 후벼판다
이런 엇갈림 저런 망설임
사람을 휘젓는,
새는 위대한 아키비스트-

악명

도도함과 두려움 사이

그 어디쯤

새는 오지 않는다

눈인사 없다

새에게 난

쇠붙이 거머쥔 밭의 독재자

혼자 우산 쓴 외계인

직선을 사랑하는 제식制式주의자

눈 주지 않았는데

이 낯선 별에선

낯이 너무 팔려 버렸다

지극

어떤 새는 가끔
남의 새끼를 키운다
멍충이 같지만
미워할 수 없는 건
순하디순한 까만 눈
더없이 맑은 것은
외려 검고
지극한 것에 눈을 감는다
바보처럼,
순정한 그 봄날처럼

꽃과 새

새는 꽃만큼
깊은 은유를 가졌다
그러나 경쟁하지 않는다
꽃과 새는
선과 후
또는 안과 밖
무심하면서 자별하다
꽃이 이별이라면
새는 작별 후 긴 이야기다

새가 바본가

새가 없다면

나무는 얼마나 심심할까

남쪽 섬 갔다온 새

북쪽 시베리아 둘러본 새

어린것이 제게도 눈과 귀 있다고

보고 들은 걸 전한다

나무에게도 귀가 있을 것이다

왜 저리 떠들겠는가

새가 바본가

이름 두 자

뻐꾸기는 울음을 탁란한다

딱 두 자

사람에게 던진다

들을수록 변모하는 소리

이름이 눈을 뜬다

품어도 자라지 않는 이름이다

무심하니 새 떠나면

사람은 다시

사람을 재워야 한다

여름낮이 길다

호수돈 고녀생에게 첫사랑이 번지어졌을 때*

* 김종삼 「비옷을 빌어 입고」

따뜻한 상상

칠석날 까치 대가리 같다는 말
견우와 직녀가 밟아
깃이 빠졌다는 뜻이다
새의 깃갈이
오작교 전설에 맞댔다
새와 사람
저 혼자 가지 않았다
따뜻한 상상-
온 우주가
오래된 미래를 지나고 있다

울음 노트

이것은

사람으로 다녀간

새의 기록이다

가장 완벽한 비상

새만이 그런 춤을 출 수 있다

몸 바꿀 때까지 날았어도

깃털 흘리지 않았다

녹턴은 새로 돌아간

어느 전생의 울음 노트다

새와 어머니

새는 꽃을 꺾지 않는다
꺾은 꽃 앞세울 일 두려워한다
만물이 쓸 데가 있다는
우리 엄니 말씀
새는 믿는다
어문짓 하지 말그래이-
오래된 목소리
어문 데 가지 않고
모두 새로 돌아온 것 같다

하루의 새

새는 1억 2천만 년 전 날았다

인간은 오만 년 전

겨우 걸었다

새의 역사를 하루로 치면

인간은 34초

숨도 참을 만한 시간

그새 사라진

하루의 새가 셀 수 없이 많다

환생

망연히 새를 보는 사람이 있다
북받친 것이다
오래전 나도 샛강 하얗게
까슬한 것 훑은 적 있다
낮아지는 강물따라
맺힌 것은 하늘로 올랐다
새를 보면
사람이 일렁거렸다
환생이라는 슬픔
너무 빨리 알아 버렸다

독한 고집

가난하기에 난다 했지만
한 번 날았기에
새는 더 가벼워졌을 것이다
무엇에 발 디딘다는 것
물든다는 것
깊어간다는 것
가난은 불치의 병이 아니다
고치고 싶지 않은
다만, 독한 고집이다

신에 가깝다

새는 무한의 상징이다
까만 눈 보면 예술이 되고
먼 몸짓은 철학이 된다
생각대로 생각되는 새
천변만화의 질료다
인간의 책, 죄 불살라도
그 수십 그램을 밝힐 수 있을까
제 무게를 견적하고
감당할 꽃가지에 내리는,
그것은 거의 신에 가깝다

자세

새는 바람을 적는다

마주 보고

보이지 않는 것을 쓴다

바람의 갈피마다

울음 낙관을 찍는다

바람이 분다

맞선 새가 날아오른다

하늘에 산다는 건

하늘 그물을 믿는 일이다

북치는 소년*

꼭 해보고 싶은 일은
새 편으로 편지를 띄우는 것
춘천쯤 가서 날려놓고
기차로 내려오겠다
새의 맑은 숨소리에
별빛 적신 편지—
별은 읽는 이의 눈에 돋아나고
당신은 새만큼 작은 된장국을 끓이겠지
식탁엔 콩도 몇 놓고
그때쯤 난 집으로 돌아올 테니
그날 저녁
우린 새와 함께 식사를 하고
구, 구우— 울음소리에
먼 내세를 걸어보고

알 수 없어 아름다웠던,

지난 일을 생각하고

*김종삼 「북치는 소년」

조감鳥瞰

황조롱이가 떠 있다
한 점에 맺히는
수직의 응시—
바람을 다독이는
수평의 깃끝—
고요하다
휘두르는 것만이 힘은 아닐 것이다
있는 듯 없는 듯—
어느 바람결
묵음의 새가 흩어진다

품

품을 아는 닭이 품는다
기계 덕에 깬 건 품을 모른다
품은 탯줄
한 우주가 또 한 우주를 데우는
긴 포옹
경배하라! 암탉이 품는다
저 깜깜한 짐
저 일관된 폼
저 지독한 품

나도 모르는 새

내 몸에 새가 있다
나도 모르는
새가 가슴에 산다
내 박동 뒤로
실루엣 같은 울림
이만큼 살아온 것도
착하게 울어준 새 덕분이다
어머니는 어떻게 알고
철없을,
내 몸에 새를 넣어주셨나

축지 縮地

어슬막 깔리는 산 위로

지친 몸 넘어간다

날개는 늘

너머를 동경한다

모퉁이 뒤가 궁금한 아이처럼

알 수 없는,

그 너머를 당겨 새는 난다

날개는 공간을 축지하고

너머는 너머를 낳고

새는 은유로 지나간다

날개도 없는 것이

새는 하늘을 나누지 않는데

날지도 못하는 것이

땅을 나누고

땅마다 깃발 꽂는다

그 깃발 쳐들고

쳐들어간다

날개도 없는 것이

날지도 못하는 것이

땅을 하늘로 안다

제2부

세상에 나오지 않은 악기를 가진 아이와

봄산

볼쏙볼쏙한 연두와 초록
그 새로 새가 난다
언제 적이었는지 모를
둥그스름한 기억
뒤로,
한 줄 까무룩한 난생의
온기 속으로,
까마득한 새가
어느 백악기
어금니를 가진 새가
저만치 솟구치게
오래도록 봄산을 운다

순명順命

하늘을 새가 옮긴다

나무에서 나무로

후두둑 떠나

한 페이지에서 또 한 페이지

섬기듯 연모하듯

한갓 나무에 쏟아져 내린다

끌림이라는 저 무력함-

나도 저처럼

어디에 쏙- 빨려들고 싶다

내리지 못하는 먼지처럼

아무 힘없이,

아무런 저항 없이

좁은 문

울음은 좁은 곳을 지나왔다

하늘도 실은 좁은 곳이다

새는 가르치지 않는다

보여주기만 한다

나무에서 별까지, 별에서 어느 생까지

귀퉁이에 울음 몇 조각

반복한다 반복은

리듬이 되고 리듬은

울음으로 다시

좁은 곳을 지나간다

지족
—오십 평생에 단칸 셋방뿐*

새는 집으로 말한다

한 집 건너 빈 집

널따란 촌집 놔두고

지붕 없는

딱 저만 한 집을 짓는다

나중엔 그것도 버린다

낮은 것이 높게 된다

– 이것은 새의 말씀입니다

*김종삼 「산」

돌아보지 않는다

새는 새 길을 간다

길 없는 하늘

길마다 새 길이다

날며 물찌똥을 찍- 하는 건

새 길 축포라 쳐주자

같은 바람 두 번 날 수 없어

새는 길을 버린다

버려 다시 길을 얻는다

돌아보지 않는다

고백

새는-

가난했기에 높은 곳에 산다

무게를 갖는다는 것

그 무게의 힘으로

제 무게를 버틴다는 것

그것은 차라리 설움이다

더 오를 수 없는 곳

새는 날개를 편다

고백한다

나 이제 무게도 없다네

그림자

큰 새는 땅 위를 어슬렁―
거들먹거려도 보지만
작은 것은 땅 한 톨 없다
남의 땅 밟듯
톡톡 튀다 돌아간다
어떻게든 허공만 붙잡고 산다
그게 진심의 새
꽃이 지는 건
그림자 한 장 포개는 일
새가 나는 건
그림자 한 벌 벗어두는 일

배경

새는 한곳에 오래 있지 않는다
잠시 앉은 자리조차
미련 남을까
서둘러 자릴 뜬다
회의하는
새가 배경을 버린다
텅 빈 곳,
새는 비로소 뒤엣것이 된다
배경의 배경이 된다
오래도록 난다

낮달

붉은빛 도는 아기 사과
물까치가 찍는다
벌써 어린 것 옆에 있다
아무 말 않고 지켜본다
아깝지 않다
−벌레에게도 관대해져야겠다
우묵해진 사과 속
낮달 같던 사람
허물어져 혼자 울렁대고 있다

지독과 가혹 사이

이부터 뽑았다
팔을 날개로 고치고
입에 손을 붙여
부리란 걸 만들었다
뼈도 비우고
머릴 줄여 생각도 덜었다
발가락 한 개를 더 버린 후에야
새는 하늘에 닿았다
새가 지독한가 하늘이 가혹한가

장좌불와

눕지 않는다
첫 궁륭을 깬 그 자세
그대로
새는 산다
눕는 것은 땅의 짓
잘 때도 기대지 않는다
일생의 장좌불와,
그쯤 아무 일 아니라는듯
새벽바람 위 사뿐,
새가 눕는다

아나키스트

새는 아나키스트

속박도 핏줄도 던져버린 자유

두 날갯짓으로

신분도 계층도 권력도 떨친 몸짓

나는 힘만 가진

극한의 미니멈을 향하여

영원한 떠돎-

아나키스트 새가

땅도 나라도 없이

날아간다 넘어간다 사라진다

새의 생각

둥지를 틀고

알 낳고 새끼 먹이고 키우는 그게

새의 전부는 아닐 것이다

새에게도 첫사랑이 있을 거란 생각

만나고 헤어지는 일도 있을 거란 생각

잊고 싶은 일과

못 잊어 궁글리는 저녁도 있을 거란 생각

우두커니 기다린 새벽이 있고

뒤돌아보는 긴긴 밤이 있고

둥근 알 더듬는

어떤 날도 있을 거란 생각

그곳

높이 난다고
내려오지 않는 건 아니어서
새는 늘 생각한다
하늘이나 구름 같은
높은 것 말고
다시 돌아와야 하는 그곳
날기 위해 디뎌야 하는 그곳
단독자의 고독한 그곳
날개를 접는,
가장 위험한 그곳

마지막 영혼

새는 스토리텔러다

별이 있고 나무가 있고

사람이 있다

사막과 바다, 이야기와 신화

오르트 구름 먼지와 망각이 있다

새가 별자리로 날 때

새는 닿을 수 없는 순수

멀고 먼 반경

창백한 푸른 점, 그 마지막 영혼

믿습니까?

새는 저를 믿는다
투명한 유리벽,
혹은 반사되는 배후일지라도
의심 없이-
보는 대로 믿는 건
얼마나 아름다운 고백인가
보고 믿지 않는 것 앞에
나는 믿습니까?
새는 주저 없이 순절한다

새라는 형용

알을 벗는 새는 아득하다
우는 새는 그립고
높이 나는 새는 눈물겹다
투사投射된
새는 전위에 있다
사람보다 붉고
꽃보다 뜨겁다
소금 바다에 은피리 하나*
새는 지엄한 형용이다

* 김종삼 「소금바다」 「음악」

마지막 새

새는 어디서 몸을 놓는가
알지 못한다
어떤 목숨은 죽기 전
산 것의 눈을 그리 바라본다던데
새도 그럴 것인가
산과 들,
고종명한 새를 보지 못했다
어쩌면 새는 거기까지
날아서 가는지 모르겠다
마지막 새는 언제 날아오르나
역시 알지 못한다

바람과 새

왕년의 바람은 없다

지금 불어야 바람이다

할미꽃 홀씨라도 실어야

그 관冠을 쓴다

바람은 날 때부터

죽을 수 없는 말

명사 아닌 동사

남루를 입고 가는,*

그 염결한 현생을 새가 거느린다

* 김종삼 「따뜻한 곳」

알은체는 무슨

새는 인사하지 않는다
그게 그의 스타일
스윽 왔다
푸룩 날아가 버린다
또 볼 건데
알은체는 무슨 얼어 죽을-
뼛골까지의 그런 거칠함
날기 위해선
인사도 무거운 것인지 모른다

제3부

오래되어서 쓰러져가지만
세모진 벽돌집 뜰이 되어서

연대

대숲에 새가 산다

대는 뿌리로 나아가고

새는 무리로 난다

둘 다

가난한 몸

노래를 쟁였다

하나는 살아 울고

또 하난

죽어 소리가 된다

어쩌면 나를 믿어

나무가 되고 싶다
새가 되면 좋겠으나
날 만큼 죄 가볍지 않다
새에게 다가가는 길은 나무가 되는 것
어쩌면 날 믿어
어깨 위 둥지 트는 녀석 있을 것이다
그때 난 알탕갈탕 가지를 벋어야지
작은 몸 감싸 안아야지
말하지 않을 것이다
지금은 없는 곳
한때 거기 우리가 있었다는 것

자리

꽃은 벼랑에 매달려 핀다
새는 벼랑에서
한 걸음,
더 간 곳에 있다
꽃과 새는 서로
연민한다
떨어진 꽃자리
새는 앉지 않는다
새가 진 자리
꽃 또한 터 잡지 아니한다

아기집

새를 통과한 씨앗은
싹이 잘 튼다고 한다
새의 몸을 지나며
씨앗은 새를 닮아갔을 것이다
하늘로 날갯짓하라!
새의 속이 아기집 같다
나도 오래전
누군가의 속을
씨앗처럼 지나왔다

이소離騷

새가 둥지를 뜨는 것은

집이란 게

땅의 일이기 때문이다

땅에 맛들이면 닭이 된다고

저쯤 가지 위

어미새가 가는 봄 바쁘게 운다

첫 비행이라 않고

떠난다는 이소離騷

자명하다

버려야 난다

새 없는 날

새소리 안 들리는
이상한 날 있다
그 나라에 현충일이라도 있나?
나 없이 살아 봐라! 그런 날?
공연히
창을 자주 연다
그런 날엔 바람도 없다
경고하는 것일까
-새 없는 하늘

성운星雲

해 질 녘

별이 무리로 난다

숨마다 섬 되어

농담濃淡처럼 흐른다

지휘 없는 장엄벽화

먼 성운星雲

수수만년 보여주어도

배우지 못하는 것이 있다

새는 왜 별로 나는가

물음을 버리다

새는 묻지 않는다
물었던 이는 꽃보다 먼저 졌다
아는지 묻지 않는다
새는 날기 전
물음을 묻었는지 모른다
물음 대신 울음으로-
때론 무심하게
때론 보란 듯 날기만 한다
얼마나 다행인가
새가 눈물도 버렸다는 것

언저리

새는 처음 본 걸 각인한다

사람도 새와 같다

유년의 저수지에서 번져 나오는

목소리, 손길, 냄새, 연기, 나무, 맛, 꽃, 언덕, 바람, 구름

언저리 빙빙- 새처럼 난다

멀리 가지 못하고

어느 결에 날갤 접는다

새를 닮은 사람

새를 따라간 사람

가시

탱자나무 뒤덮은 덩굴풀
낫으로 걷어 냈다
탱자 때문이 아니다
보고 싶은 것이 있었다
작은 새를 거둘 때
환해지던 것
그 작은 것으로 세상과 맞선
그 결연함, 그 가시들

기껏

어느 겨울 저수지
얼굴 묻은 쇠오리에게
돌 던진 적 있다
기껏, 날아오르는 것을 보려고
돌은 닿지 못했지만
내게 되돌아오는
돌 같은 기억
문득문득 얼굴 달아오른다
기껏—
날아오르는 것을 보려고

별은 가깝고 꿈은 머네

어서 사람을 벗어야겠네
다 버리고
새는 날았는데
난 다 가진 채 새를 보려 했네
내 안에 기억 만리
사람 첩첩
새가 오지 않았던 것이네
어서 한 꺼풀
사람부터 벗어야겠네
별은 가깝고
꿈은 멀기만 하네

죄없다

콜 니드라이 들을 때
생각난다
셈할 것 없는
엎드려진 사람들
라일락 나무
비탈 그늘
새가 물고 가는
여린 향기
모두 죄없다

을숙도 乙淑島

우리가 갖게 된 것은
아파트와 자동차와 곧은 길
잃은 것은
습지와 별빛과 고갯길
칠월노화七月蘆花 팔월해화八月蟹花
온 생명의 만다라
만공滿空했던 새 울음소리
무엇보다
막내를 업고 바라보던
누이의 긴 목

할미새

이 다 빠진 모퉁이 할매

새가 되었다

말은 흘려버리고

울음만 지녔다

코 박은 땅은 가깝고

먼 하늘은 가찹다

텃밭 텃새 할미새

땅과 하늘 쭉- 편다

조금 더 먼 쪽-

자주 새소릴 던져 놓는다

목소리

작은 새들에게서 옛날을 본다

함께 웃고 함께 운

목소릴 듣는다

함 전디 보는 기라—

옛날 아버지가 있다

응달 붓꽃 같던

옥례 누나가 있다

새가 무리로 난다는 것

사람 곁에 사람 있다는 것

아직 잊히지 않는

그 목소리 들린다는 것

꿈

밭 한쪽 깃털 수북하다

밤새 새가 졌나 보다

또 언제 올지 모르는* 깃을

밭머리에 묻어준다

잠시 나섰다

다시 돌아오는 곳

꿈꾸기엔 아가,

땅속이 더

그득한 곳이란다

* 김종삼 「새」

높은 곳 새는 울지 않는다

기억은 사라지는가
흘러가는가 흩어지는가
기억 없다면
슬픔도 없을 것인가
울음은 새가 울고
왜 눈물은 사람을 향하는가
새에게서 사람까지
화석의 시간과 억겁의 전이
지난날은 무거웠고
모든 위대한 것은 가벼웠다

한 알 한 알

새는 하나하나 셈을 한다

이슬 한 모금

씨앗 한 알

밥그릇도 숟가락도 없다

한 알, 한 알 콕콕!

그 알의 힘으로

숨을 얻고 몸 데운다

노래도 한다

가난한 자는 복이 있나니…

그 몇 알로

말씀까지 보여주신다

그저 넘어가는

하늘은 순수하다
아무것 없다
어제도 없고 내일도 없다
날개 끝마다 현재도 사라진다
꽉 찬 소멸
새는 받아들인다
지금, 여기를 믿는 리얼리스트
아니면 말고, 옵티미스트
의미도 지향도 없이
허공을 저어 더 큰 허공–
그저 넘어가는, 새

제4부

인간을 찾아다니며
물 몇 통 길어다 준 일밖에 없다고

스적스적

저문 하늘
새 하나 날 때 있다
다 내려앉았는데
혼자
스적스적—
궁금한 안부를 부치는
저물녘 새가 있다
꼭 사람 같은
꼭 어떤 뒷모습 같은

우연이라도 고마운

돌확에 물을 담아 두었다
기다렸더니
작은 것이 찾아와
파드득-
물의 낯을 쳐 준다
지는 해는 어쩌다 노을이 되었나
이런 스침-
우연의 이름이었다 해도
눈물 가득
고마운 일이다

올드보이

멧비둘기와 검은등뻐꾸기

오로지 네 박자다

변주도 조바꿈도 없이

박자도 맹— 그대로

올드보이

혹은 레트로

브라더스 포의 세븐 데포딜을 듣는

또 한 번의 봄

여전하다

받아적기

무당이 공수받듯
시인은 받아적는 사람
허나 울음소린 무장 어렵다
휘파람새 곤줄박이 못 쓰겠다
쌕쌔기 철써기는 언감생심
아무것도 못 썼는데
대밭 건너
검은등뻐꾸기가 놀린다
뭘쓸라꼬! 뭘쓸라꼬!

이 몽매한 시절의 봄

다음 생 믿지 않아도

하늘에 구름 떠가는 새를 보면

또 허튼 생각 든다

착했던

어느 숨의 후생일 것이라는…

추첨으로 날게 한다면

그건 새가 아닐 것이다

그렇게라도 믿어야 미치지 않을

이 몽매한 시절의 봄

잘한 짓인지

어린 후투티가 밭에 왔다

연신 고개 숙여 절한다

가까이 곁을 준다

이런 날도 있나

사진 몇 찍고

겁을 줘 쫓아보냈다

인간이란 것

똑똑히 봐두라고

- 그 후 몇 년째 후투티를 보지 못했다

정곡 正鵠

활을 쥐면 쏘고 싶었겠지

높은 것도 맞추고 싶었겠지

새는 새대로

말은 말대로 변함이 없네

활이 총으로

총이 미사일로

사람도 변하지 않았네

혹시, 설마

지구라는 과녁?

정곡은 정곡만을 부를 뿐이네

성선설을 증명하다

먹을 것 없는 겨울날
동고비가
사람 손에 놓인 땅콩으로 난다
쬐그만 주린 몸
이름 모를 손바닥에
몸을 맡긴다
우악한 손은 꼼짝 않고 있다
아무도 증명 못한 성선설
새가 증명해 보인다
사람을, 새가 감히

응답

시린 봄바람 속
가지에 오종종 앉은 새
내 못 알아듣는
기도를 올리고 있다
겨울을 무사히 지나왔다고…
늘 감사하다고…
아무리 바쁘셔도 하느님은
저 작은 숨 곁엔
다녀가셨을 거란 생각이 든다
새를 바라보는 봄날
내게도 스쳐 지나시는 것 같은

미안한 밤

촌집 바로 뒤

대밭이다

그곳은 새의 아파트

층층 가지 붙잡고

새는 자고

난 열 평 집

혼자 퍼질러 잔다

낮에는 새가 부러워도

밤엔 내가 좀 낫다

날 때까진 날아야

대나무 활대에 새 두 마리
비 맞고 있다
고개 묻었다 이따금 앞을 본다
사나운 빗속
시간 넘게 저러고 있다
그러다 다시 난다
알을 깨고 나온 죄
후과後果로 달린 한 줌 숨—
뒷모습에
진부한 말 부쳐주었다
날 때까진 날아야 한다

일기

손님 받으려고
처마 길게 냈는데
몇 년째 공실이다
제비는 착한 집에 온다는 말
미안해진다
짐짓 모른 척―
내년엔 흙을 적셔놓고
볏짚도 썰어 놔 봐야겠다
더 착한 사람이 되어야겠다

먼 길

인간은 드론으로

새의 눈을 갖게 됐지만

두근거리는 심장은

쳐다보지 않았다

드론의 눈은

숲과 바다를 보던 창이 아니다

화염의 좌표가 되었다

눈에서 가슴까지 멀다

드론에서 새까지 더 멀다

손톱 하늘

새를 가둘 수는 있어도
울음은 가둘 수 없다
갇힐수록
시인은 새가 된다
울음이 된다
새와 시인은 서로 운다
새는 맨 앞의 시인
시인은 맨 나중의 새
울며 서로 꿈꾼다

새가 앉지 않는 곳
— 김종삼 선생님

가난하다고

마음마저 가난한 건 아닐 것입니다

이천 년 전 눈 맑은

사람이 그를 알아보았지요

부자는 눈앞에서 눈을 감았습니다

시골 마을마을 작은 교회

뾰족한 곳

새가 앉는 걸

여직 저는 보지 못했습니다

뒤끝

앞집 할매가 부지깽이 들고
물까치를 쫓는다
혼자 살면서
왜 손님을 구박하는지 모르겠다
덕분에 우리 집으로
서넛 온다
머리 검은 짐승 남의 공 모른다 했어도
그건 피장파장
푸르고도 긴 저 꽁지
난 조건 없는 뒤끝이 좋다

눈 편지

눈 오면 새는

땅에 내린다

눈 위에 발로 쓴다

썼다 지웠던 편지처럼

밤새운

새가 쓰고

밤 밝힌 눈이 지운다

소복한 눈 속엔

시린 발등이 있다

서로 발잔등이 부었다고[*]

부치지 못한 편지가 있다

* 김종삼 「묵화」

동심원童心圓

종을 칠 때는
처음엔 살살 쳐야 돼요
종친다~
새에게 알려줘야 해요
갑자기 탕! 탕!
새가 놀라잖아요
새끼는 떨어질 수도 있대요
새는 손이 없어 귀도 못 막잖아요

음악교실

언덕 위 작은 집

마태수난곡 들리는

닫힌 창가

가련한 이름 모여든다

콩새 박새 참새 딱새 뱁새

전 객석 매진!

사람 없는

사월과 오월 사이

길이 꿈이 되는

텃새는 곁을 지킨다

죽으나 사나

한자리 살아야 하니 그럴 것이다

오히려 때 되면 떠나는

철새가 순하다

툴툴 털 수 있다는 것

버릴 수 있다는 것

가야 할 먼 길

살아가는 꿈이 된다

살아온 기적이 살아갈 기적이 된다[*]

[*] 김종삼 「어부」

세한도

세한도에는 새가 없다

추사는 새에게

갈필 한 점 주지 않았다

세한연후에 새 없음을 안다

그런 뜻이었을까

송백보다 새의 지조였을까

시치미 떼듯

장무상망長毋相忘 쿵, 찍어놓았다

낙관에 새 울음소리!

어디선가 붉다

해설

숭고한 추락의 은총

박대현(문학평론가)

> 망연히 새를 보는 사람이 있다
>
> 북받친 것이다
>
> ― 김형로, 「환생」 부분

1. 새와 김종삼, 그리고 시인

김형로 시인은 '시인의 말'에서 이 시집이 '작은 새들'과 김종삼 시인을 향한 헌정이라고 밝히고 있다.

이 시집은 새들의 이미지로 가득하다. 모든 시편이 새를 노래한다. 2018년 등단 이후 『미륵을 묻다』(2019)와 『백 년쯤 홀로 눈에 묻혀도 좋고』(2021)를 상자한 후 제주 4·3항쟁을 다룬 강렬한 시집 『숨비기 그늘』(2023)을 세상에 내놓은 시인이 이번에는 새의 비상(飛翔)을 전면에 내세운 시집으로 나타난 것이다. 이 시집을 작은 새들과 김종삼 시인에게 '부친다'는 선언과 함께 말이다. 왜 김종삼인가. 작은 새(큰 새가 아니다)와 김종삼 시인은 드넓은 세계를 가로지르는 고절(孤節)의 이미지를 지니고 있다는 점에서 공통적이다. 푸른 하늘을 가로지르는 새 한 마리를 떠올려보라. 그것이 시인이라면 김종삼 또한 그 중의 한 명일 것이다. 평생 예술의 고독 속에 가난하게 산 시인. 죽음의 순간까지 시인으로서의 위엄을 간직한 시인. 그의 시는 새를 노래하기도 했다.

    또 언제 올지 모르는
    또 언제 올지 모르는

새 한 마리 가까이 와 지저귀고 있다.

이 세상에선 들을 수 없는

고운 소리가

천체에 반짝이곤 한다.

나는 인왕산 한 기슭

납작집에 사는 산사람이다.

— 김종삼, 「새」 전문[1]

    새는 이 세상을 초월한 존재로 간주된다. 새는 비상의 존재이므로 지상의 인간이 붙잡을 수 없다. 친해질 수도 없다. 인간에게 길들여진 새가 있다면, 그것은 더 이상 새가 아니다. 새는 더없이 높이 날아가고 인간은 단지 바라볼 뿐이다. 김종삼의 저 시구처럼 "이 세상에선 들을 수 없는/ 고운 소리"가 바로 새 소리이며, 그것은 "천체에서 반짝"일 뿐 지상의 인간에게 곁을 주지 않는다. 시인은 그저 "인왕산 한 기슭/ 납작집에 사는" 존재, 즉 새를 우러러 봐야 하는 한낱 인간일 뿐이다. 하지만 김종삼은 어느덧 새를 닮아 있

---

[1] 김종삼, 권명옥 편, 『김종삼 전집』, 나남, 2011.

는 것이 아닌가. 시인은 "초속(超速)으로 흘러가는/ 몇 조각의 시 파편"(「파편」)을 꿈꾸었으므로 "비상할 수 있는 초능력"(「외출」)의 새를 닮았고, 그리하여 끝 끝내 스스로 "비시(非詩)일지라도 나의 직장은 시이 다."(「제작」)라고 선언할 수 있었다.

김형로 시인은 시집을 시작하면서 '작은 새들'과 김종삼 시인을 호명했다. 그의 시집은 새가 '스적스 적' 날아가는 모양새를 제목으로 삼고 있으며, 시집 의 소제목은 김종삼의 시구를 빌려오고 있다. 따라서 이 시집은 김종삼이라는 한국 시사의 독보적인 정신 이 남긴 순수와 고독의 영토 위에서 그가 응시했던 새의 존재를 탐구하려는 장엄한 시도라고 할 수 있 다. 따라서 김형로의 새를 이해하는 것은, 김종삼의 정신사적 맥락이 후대의 시인에게 어떻게 실존적인 화두로 변주되고 심화되는지를 목도하는 일이라고 할 수 있다.

2. 비상(飛翔)의 열망과 변신의 고통

　시집의 제1부 소제목이 '나는 이 세상에 맞지 아니하므로'다. 이 소제목은 김종삼의 "나는 이 세상엔 맞지 아니하므로/ 병들어 있으므로/ 머지 않아 죽을 거야"(「그날이 오며는」)에서 빌려온 것이다. 김형로 시인은 김종삼의 문장으로써 시집을 관통하는 핵심적인 정서를 드러낸다. 새는 지상이 아닌 천상의 논리로 살아간다. 새의 비상 자체가 지상의 논리를 벗어나는 무애(無涯)의 경지를 의미한다. 하지만 시인은 지상을 살아가는 날개 잃은 새다. 김종삼은 천상의 존재임에도 불구하고 지상을 살아갈 수밖에 없었던 비극적인 새였다. 세상의 논리와 불화하는 존재, 그 서툼과 자발적 고독이야말로 김종삼 시학의 출발점이었던 것이다. 김형로는 이 정신을 고스란히 물려받아, 세상의 질서 바깥에 존재하는 '새'의 모습을 구체화한다.

찔레 덤불 지나는데

맑은 물소리 흘러나온다

저마다의 카덴차

새 울음소리

불현듯 스치는

한 줄의 라산스카ㅡ

새로 돌아갔을 것이다

나 지은 죄 많아 죽어서도 영혼이 없으리

사람이었을 적 그의 말이었으니

—「라산스카ㅡ」 전문

'라산스카'는 김종삼이 자주 사용한 시제(詩題)다.('라산스카'의 의미는 여전히 미궁 속에 있다.[2]) 맑은 물소리와 더불어 새의 울음소리가 들려온다. "불현듯 스치는/ 한 줄의 라산스카ㅡ". "한 줄의 라산스카"

---

[2] '라산스카'에 대해서는 "시인이 꿈꾸는 내세의 어떤 장소, 귀거래의 처소"라는 주장(권명옥), 뉴욕 출신의 성악가 훌다 라산스카(Hulda Lashanska)를 의미한다는 주장(류순태), 대상없는 유니크한 음상이라는 주장(이승훈) 등이 존재한다. 나희덕은 이 모두를 종합하여 "환멸의 습지에서 잠시 놓여나 맑은 샘가에 어른거리는 '색다른 영원'을 발견한 순간"이라고 해석한다. 나희덕, 『문명의 바깥으로』, 창비, 2023, 224·235쪽 참조.

는 시인 김종삼을 의미한다. 새로 돌아간 그가 누구겠는가. 그는 시인 김종삼이다. 이어서 김종삼의 문장이 행갈이 없이 인용된다. "나 지은 죄 많아 죽어서도 영혼이 없으리"라는. 이는 김종삼이 "사람이었을 적의 말", 즉 살아있을 때의 말이다. 김종삼은 이제 새가 되어 울음을 울고 있다. 김형로 시인은 새 울음소리를 들으며 김종삼을 생각하고 있는 것이다. 카덴차(cadenza)는 악곡을 끝내게 하는 화음들의 결합이다. 맑은 물소리마다 카덴차와 같은 아름다운 화음의 끝이 서려 있듯 새의 울음소리 또한 누군가의 죽음이 깃겨 있다. 그렇다면 시인의 죽음이 한 마리 새로 변신한 것이 아닌가. 정작 김종삼은 지은 죄 많아 죽어서도 영혼이 없으리라고 스스로를 단죄했으나, 시인의 눈에 그는 이미 아름다운 영혼의 새로 날아가고 있다. 새가 되지 못한 시인은 죄가 많았으되, 죽음을 통해서 비로소 "한 줄의 라산스카", 즉 새로 변신한 한 줄의 시(詩)로 날고 있는 것이다.

　인간의 정신은 비상(飛翔)을 열망한다. 하늘에 눈

부신 빛이 있다면, 땅속에는 차가운 어둠이 있다. 고귀하고 숭고한 것은 아래쪽이 아니라 위쪽에 존재한다. 바슐라르가 말한 바 있듯이, 정신적 삶은 본능적으로 높은 곳을 추구하며, 여기서 비롯되는 시적 이미지들은 우리를 들뜨게 하고 들어올리고 상승시킨다.[3] 김형로 시인이 새를 노래하고 있는 것은 고귀하고 숭고한 것을 향한 열망 때문이다. 시인은 정신의 자유를 추구하거나 획득한 자다. 몸은 비록 지상에 구속되었을지라도 시인의 영혼은 천상을 누리는 자유를 추구한다. 하지만 시인은 쉽사리 지상의 욕망을 벗겨내질 못한다. "어서 사람을 벗어야겠네/ 다 버리고/ 새는 날았는데/ 난 다 가진 채 새를 보려 했네"(「별은 가깝고 꿈은 머네」)라고 말하는 데서 알 수 있듯이, 시인은 지상의 욕망을 다 버리지 못한 스스로를 반성한다. 그리고 이때 가난에 대한 김종삼의 시적 진술이 김형로의 시에 스며든다. 이를테면, 시 「지족」은 '오십 평생에 단칸 셋방뿐'이라는 부제를 달고 있다. 이 부제는

---

[3] 가스통 바슐라르, 정영란 역, 「공기와 꿈」, 민음사, 1997. 92쪽.

위부터가 그렇다. 팔과 손을 각각 날개와 부리로 만들고 뼈를 비워내고 머리를 줄여 생각도 덜어낸다. 발가락 한 개라도 더 버린 후에라야 새는 하늘에 닿는다. 하늘을 향한 열망이 변신 모티프를 통해 이미지화되고 있다. 살펴 봤듯이 변신 과정은 고통스러운 것이다. 그것이 정말 하늘을 날기 위한 조건이라면, 새는 '지독'한 것이고 하늘은 '가혹'한 것이다. 이 고통은 순전히 상상적인 것이지만, 시인의 내면에 이처럼 고통의 이미지가 생성되고 있다는 사실이 중요하다. 새가 되고자 하는 충동(drive)이 고통스런 변신 이미지로 치환되고 있는 것이다. 시인은 "내 몸에 새가 있다/ 나도 모르는/ 새가 가슴에 산다"(「나도 모르는 새」)고 말한 바 있다. 새는 "속박도 핏줄도 던져버린 자유"이자 "두 날갯짓으로/ 신분도 계층도 권력도 떨친 몸짓"(「아나키스트」)다. 그가 새를 열망하는 이유를 짐작할 수 있다.

3. '더 큰 허공―'의 절대 순수

새는 생물학적 분류 체계의 관점에서는 한낱 조류(鳥類)에 불과하다. 그러나 인간의 상상력이란 지각작용으로 발생한 이미지를 창조적으로 변형시키는 능력이다. 인류의 원형적 상징에서도 그렇지만, 이 시집에서 새는 신성성(神聖性)을 체현하는 존재다. 시인은 상상한다. "아무리 바쁘셔도 하느님은/ 저 작은 숨 곁엔/ 다녀가셨을 거"(「응답」)라고. 여기서 더 나아가 "새는 무한의 상징이다/ 까만 눈 보면 예술이 되고/ 먼 몸짓은 철학이 된다"거나, "그것은 거의 신에 가깝다"(「신에 가깝다」)고 쓰고 있다. 새의 "까만 눈"은 우주의 깊은 진리를 담은 듯하고 창공을 날아가는 "먼 몸짓"은 드넓은 우주를 향한 깊은 사유를 선물한다. 새는 지상에서 천상으로의 해방을 향한 열망 속에 깃든다. 그러니까 새가 인간에게 열망을 제공하는 것이 아니라, 인간의 열망이 새의 이미지를 포획한다. 시인의 열망이 새의 이미지를 낳고 있는 것이다.

새를 가둘 수는 있어도

울음은 가둘 수 없다

갇힐수록

시인은 새가 된다

울음이 된다

새와 시인은 서로 운다

새는 맨 앞의 시인

시인은 맨 나중의 새

울며 서로 꿈꾼다

—「손톱 하늘」전문

 새가 울고 있다. 새는 갇힌 상태이나, 울음은 갇혀 있지 않다. 시인 역시 지상에 갇힌 상태다. 시인은 새의 울음에 공명한다. "갇힐수록/ 시인은 새가 되"고 "울음이 된다". 새와 시인은 울음으로 마주본다. 울음 속에서 새와 시인은 일체가 되는 것이다. 새는 날고자 하는 열망의 표상이다. 새는 시인의 상상력을 구체적으로 이끄는 힘이다. 시인은 새라는 표상을 붙잡고 비상에의 열망을 드러낸다. 새는 지상을 벗어나고자 하는 인간의 열망을 표상한다. 새는 시인의 상상력을 이끌고 하늘을 가로지른다. 그래서 새는 "맨 앞의 시인"이 되고, 시인은 "맨 나중의 새"가 된다. 자아와 세계의 동일화는 인간의 시원(始原)부터 시작된 열망의 형식이다. 그런데 둘을 이어주는 것은 울음이다. 새와 시인은 울음 속에서 동일화된다. 울음의 동일화는 슬픈 열망의 형식이다. 왜 슬픈가. 시인의 꿈은 너무 숭고해서 슬프기 때문이다. 새가 가로지르는 하늘마저 벗어던지기를 열망하기 때문이다. 새와 시인에게는 하늘조차 '손톱'처럼 좁은 공간이다.

'손톱 하늘' 너머에는 무엇이 있을까. 그것은 말년의 김춘수가 "하늘 위에는 가도가도 하늘이 있고"(김춘수, 「제22번 비가」, 『쉰한 편의 비가』, 현대문학, 2002)라고 했듯이, '하늘 위의 하늘'이 아닌가. 그곳에는 무엇이 있는가. 시인은 그것을 "닿을 수 없는 순수"(「마지막 영혼」), 혹은 '허공'이라 부른다.

하늘은 순수하다

아무것 없다

어제도 없고 내일도 없다

날개 끝마다 현재도 사라진다

꽉 찬 소멸

새는 받아들인다

지금, 여기를 믿는 리얼리스트

아니면 말고, 옵티미스트

의미도 지향도 없이

허공을 저어 더 큰 허공-

그저 넘어가는, 새

—「그저 넘어가는」 전문

    하늘은 "꽉 찬 소멸"이다. 하늘의 궁극은 결국 소멸이다. 이 세계는 언젠가 사라진다. 빅뱅 이후 언젠가 빅 크런치(Big Crunch)가 오듯이. 하늘을 향해 가는 새가 "허공을 저어 더 큰 허공-"을 향해 날아가는 것이 상징하는 바는 존재와 세계의 적멸(寂滅)을 의미할 것이다. 세계의 번뇌와 망상이 사라지고 주체의 윤곽마저 사라짐으로써 그 자체로 텅 빈 우주가 되고, 그러한 우주의 윤곽마저도 사라지고 마는 적멸. 그것이 "더 큰 허공—" 속에서 이루어진다면, 허공의 궁극은 "어제도 없고 내일도 없"으며, "날개 끝마다 현재도 사라"지고 마는 "꽉 찬 소멸"이라고 말할 수밖에 없다. 하늘의 허공이 소멸을 넘어 적멸이 될 때, 순수에 이르게 된다. 시인이 열망하는 순수는 신의 신성성(神聖性)을 넘어서는 것이다. "날개는 늘/ 너머를 동경"하고 "너머는 너머를 낳"(「축지縮地」)듯이, 신의 신성성조차도 넘어서려 한다. 그것이 "더 큰 허공—"이다. 바(—)를 찍지 않고서는 표현할 수 없는 '허공—'의 진의는 신(神)의 윤곽마저 지우고 만다. 신의 윤곽을 벗어난 곳에 진정한 허공이 있고, 시인은 그것을 "더 큰 허공—"이라 부르고 있는 것이다. 그것은 저 하늘 위의 하늘에서 소용돌이치는 무한이 아닌가.

새는 1억 2천만 년 전 날았다
인간은 오만 년 전

겨우 걸었다

새의 역사를 하루로 치면

인간은 34초

숨도 참을 만한 시간

그 새 사라진

하루의 새가 셀 수 없이 많다

─「하루의 새」 전문

 저 새의 시원(始原)은 아마도 시조새(Archaeopteryx)일 것이다. 지구에서 최초로 하늘로 날아오른 생명체, 허공을 향한 충동을 처음으로 신체화한 생명체다. 새에 비하면 인간의 역사는 비루하기 짝이 없다. 새의 역사를 하루에 견준다면 인간은 34초다. 더구나 새가 하늘을 날고 있는 데 비해 인간은 이제야 겨우 걷는 중이다. 그리고 시인은 지금까지 사라진 무수히 많은 새들을 떠올린다. 지금 또한 셀 수 없이 많은 새들이 사라지고 있으리라. 시인은 새들이 사라졌고 사라지고 있는 공허를 생각하는 것이다. 그 공허는 138억

년이라는 우주의 역사 그 너머에 존재한다. 그것을 무어라 이름 지을 수 있겠는가. 그에 합당한 이름이 존재하는가. 그 실체를 알아야 이름 지을 수 있으므로 실체 없는 이름이란 '헛것'에 지나지 않는다. 이 '헛것'에서 은유가 탄생한다. 그래서 시인은 "새는 꽃만큼/ 깊은 은유를 가졌"(「꽃과 새」)고 "새는 은유로 지나간다"(「축지縮地」)고 말한다. '은유'는 세계의 본질을 꿰뚫는 언어 행위다. '꽃'을 통해 세계를 이해하듯, '새'를 통해 이 세계의 '허공-'을 이해할 수 있다. 하지만 '꽃'이 세계의 본질을 직관하는 '정관(靜觀)'에 가까운 것이라면, 새는 무한 너머의 '허공-'을 향해 비상하고자 하는 인간의 불가능한 자유와 열망을 함축한다. 그 불가능한 자유와 열망의 끝에서 날개를 접은 '새'는 그 자체로 무한의 절대를 지시하는 은유가 아닐 수 없다.

4. 정신의 중력과 비상의 추락

 이 시집의 제1부 소제목이 '나는 이 세상에 맞지 아니하므로'였다. 앞서 말한 대로 김종삼의 시에서 가져왔다. 제2, 3, 4부의 소제목 역시 김종삼의 시 「풍경」, 「라산스카」, 「물통」에서 가져온 것들인데, 이를 문장으로 연결하고 여기에다 시집 제목 '스적스적'을 붙여보면 아래와 같은 내용이 된다.

 나는 이 세상에 맞지 아니하므로
 세상에 나오지 않은 악기를 가진 아이와
 오래되어서 쓰러져가지만 세모진 벽돌집 뜰이 되어서
 인간을 찾아다니며 물 몇 통 길어다 준 일밖에 없다고
 스적스적

 새와 김종삼과 김형로 시인이 '스적스적' 날아가는 듯한 모습이다. 새의 "날개는 늘/ 너머를 동경"하며, "공간을 축지"한다.(「축지縮地」) 시인은 이 시집을 통해서 이미 새와 김종삼의 영혼에 점염(點染)된 상태다. 새와 김종삼이 김형로 시인을 통해 생명을 지속하고 있는 것인지도 모르겠다. "세상에 나오지 않은 악기"(김종삼, 「풍경」)란 시가 아닐 수 없다. 시는 여전히 세상에 나오지 않은 악기다. '아이'처럼 순수한 존재만이 '시'라는 '악기'를 가질 수 있다. "오래되어서 쓰러져가"는 "벽돌집"의 "뜰"(김종삼, 「라산스카」)은 김형로의 시구에 따르면 "가난했기에 높은 곳"(「고백」)이다. 김종삼이 그러했듯, 시인은 그곳에서 시를 쓰며 "인간을 찾아다니며 물 몇 통 길어다 준 일밖에 없다"(김종삼, 「물통」)고 말한다.

하늘을 '스적스적' 날아가는 일과 "인간을 찾아다니며 물 몇 통을 길어다 주는 일"은 모순적이다. 이러한 모순은 시인이 날개 잃은 존재라는 것에서 연유한다. "새를 보면/ 사람이 일렁거렸"(「환생」)듯이, 새는 인간의 삶을 통과해 날아오르는 영혼이 아닐 수 없다. 이러한 사유는 「아키비스트」에서 절정에 달한다. "잠시 눈 맞추었나?/ 훅— 뒤돌아 날아오른다"는 찰나의 교

감으로 새는 "눈짓만으로 기억을 후벼 파"고 "사람을 휘젓는" "위대한 아키비스트"(기록 보관 담당자)가 된다. 새는 잊혔던 과거의 기억, "이런 엇갈림 저런 망설임"(「아키비스트」)을 헤집어 현재의 우리에게 인간의 오랜 삶에서 비롯된 열망, 다시 말해 "새에게서 사람까지/ 화석의 시간와 억겁의 전이"(「높은 곳 새는 울지 않는다」)에 스민 열망을 허공에 온몸으로 기록한다. 시집 제목 '스적스적'이 무언가를 써 내려가는 연필 소리 같은 까닭은 바로 여기서 비롯된다.

시인의 언어는 천상의 낭만과 지상의 현실이 충돌하는 슬픈 열망의 영토다. 하늘을 나는 새의 궤적이 비상의 열망에 대한 기록이라면, 그 기록은 하늘로의 비상을 추동하는 지상의 슬픔과도 무관하지 않을 것이다. 시인의 새는 하늘을 비상할수록 지상으로 추락한다. 숭고한 정신이 하늘을 향해 비상할지라도 그의 정신은 또렷이 지상의 현실을 응시하는 것이다. 입멸의 경지를 바로 눈앞에 두고 중생의 고통을 외면할 수 없어 자신의 해탈을 포기한 보디사트바의 형상이야말로 추락하는 비상, 혹은 비상하는 추락이 아닌가. 80여 년 전 시몬 베유는 『중력과 은총』에서 다음과 같은 문장을 남겼다. "정신의 중력은 우리를 높은 쪽으로 떨어지게 한다."[4] 진정 높은 쪽은 어딘가?

시인은 "꽃"이 "벼랑에 매달려 피"듯, "새는 벼랑에서/ 한 걸음,/ 더 간 곳에 있다"(「자리」)라고 말한다. "벼랑에서/ 한 걸음,/ 더 간 곳"이 새와 시인의 자리다. 새가 그러하듯, 김종삼이 그러했듯, 시인 또한 그 자리를 보듬고 있다. 바로 '그곳'이다. 그곳에서 시인은 날개를 펼친다. 그의 시집 『숨비기 그늘』처럼, 그의 숭고한 날개는 "가장 위험한 그곳"을 향해 비상(추락)할 것이다. 시의 은총이 아닐 수 없다.

> 높이 난다고
> 내려오지 않는 건 아니어서
> 새는 늘 생각한다
> 하늘이나 구름 같은
> 높은 것 말고

---

[4] 시몬 베유, 윤진 역, 『중력과 은총』, 이제이북스, 2008, 14쪽.

다시 돌아와야 하는 그곳

날기 위해 디뎌야 하는 그곳

단독자의 고독한 그곳

날개를 접는,

가장 위험한 그곳

          ―「그곳」 전문

스적스적

1판 1쇄 펴낸날 2025년 11월 4일

지은이 김형로
펴낸이 서정원
펴낸곳 도서출판 전망
주소 48931 부산광역시 중구 해관로 55(201호)
전화 051) 466-2006
팩스 051) 441-4445
이메일 jmw441@hanmail.net
출판등록 제1992-000005호
ⓒ김형로 KOREA

ISBN 978-89-7973-655-7
값 10,000원

* 저자와의 협의에 의해 인지를 생략합니다.
* 이 책 내용의 전부 또는 일부를 재사용하시려면 저작권자와 도서출판 전망 양측의 동의를 받아야 합니다.

부산광역시 **부산문화재단**

* 이 책은 2025년 부산광역시, 부산문화재단 <부산문화예술지원사업>으로 지원을 받았습니다.